DAS CASABLANCA
KOCHBUCH

ESSEN UND TRINKEN BEI RICK'S

SARAH KEY

JENNIFER NEWMAN BRAZIL

VICKY WELLS

WEINGARTEN

In dieser Reihe ebenfalls erschienen:
Das VOM WINDE VERWEHT Kochbuch

Die Deutsche Bibliothek – CIP-Einheitsaufnahme

Key, Sarah:
Das Casablanca-Kochbuch: Essen und Trinken bei Rick's /
Sarah Key; Jennifer Newman Brazil; Vicky Wells. [Übers. aus
dem Engl. von W. Auffhammer]. – 2. Aufl. – Weingarten:
Kunstverl. Weingarten, 1994
    Einheitssacht.: The Casablanca cook book ‹dt.›
    ISBN 3-8170-0020-0
NE: Key, Sarah; Brazil, Jennifer Newman; Wells, Vicky:

Illustrationen, Landkarte und Zierleisten: Devyne Design
Übersetzung aus dem Englischen von W. Auffhammer
© der deutschsprachigen Ausgabe by Kunstverlag Weingarten GmbH,
Weingarten 1993, 1994
Satz: Fotosatz F. Riedmayer GmbH, Weingarten
Gesamtherstellung: Druckerei Ernst Uhl, Radolfzell
Printed in Germany
ISBN 3-8170-0020-0

METRISCHE ANGABEN: 1 Teelöffel = 5 ml; 1 Eßlöffel = 15 ml;

INHALT

BERÜHMTE COCKTAILS,
FRUCHTDRINKS,
VERFÜHRERISCHE LECKERBISSEN

„Nicht zu fassen,
von allen Kaschemmen der ganzen Welt
kommt sie ausgerechnet in meine."

„Ich schau Dir in die Augen, Kleines" – Champagner-Cocktail

2 Teelöffel Zucker
60 ml Blutorangensaft, ersatzweise Orangensaft
2 Teelöffel frisch gepreßter Limonensaft
120 ml Champagner oder trockener Sekt
1 Achtel Limone

Zucker in gekühlten Sektkelch geben. Saft zugießen und verrühren. Mit Champagner aufgießen. Mit der Limonenscheibe garnieren.

FÜR EINEN DRINK.

Himbeer-Champagner-Kuss

1 Eßlöffel Himbeergeist
120 ml Champagner oder trockener Sekt
2 frische Himbeeren

Himbeerwasser in gekühlten Sektkelch geben. Mit kaltem Champagner aufgießen und mit Himbeeren garnieren. Sofort servieren.

FÜR EINEN DRINK.

Weißwein-Soda

120 ml trockener Weißwein
1 Eßlöffel Cassis-Likör
60 ml Mineralwasser mit Kohlensäure
1 Achtel Limone

Alles in ein gut gekühltes Weinglas geben. Umrühren und sofort servieren.

FÜR EINEN DRINK.

★ *Die kleine Zwischenfrage* ★
Welchen Champagner empfiehlt Captain Renault Major Strasser?
„Veuve Cliquot 26, ein gutes französisches Gewächs."

Martini Classic

STRASSER: „Welche Nationalität haben Sie."
RICK: „Ich bin Trinker."

60 ml Gin
2 Teelöffel trockener, weißer Wermut
1 Olive

Gin und Wermut in ein eisgefülltes Glas geben. Umrühren und in ein Cocktail- oder Martiniglas abgießen. Mit der Olive garnieren und sofort servieren.

Der Wermut kann nach persönlicher Vorliebe zugegeben werden. Gewöhnlich nimmt man 2 Teelöffel, für den trockenen Martini 1 Teelöffel, und für den extratrockenen Martini genügt ein Spritzer Wermut.

FÜR EINEN DRINK.

„Uns bleibt immer Paris"
Martini mit eingelegter Limone

60 ml Gin
1 Teelöffel trockener, weißer Wermut
1 Scheibe eingelegte Limone (s. S. 17)

Zubereitung wie beim Martini Classic. Wird statt mit der Olive
mit der Limonenscheibe garniert.

FÜR EINEN DRINK.

Marokkanischer Minzbrand

60 ml Cointreau (oder Orangenbrand)
1 Eßlöffel Minzsirup (s. unten)
frische Minzblätter

Cointreau mit Minzsirup verrühren. Mit Minzblättern garnieren
und im Likörglas mit Eis servieren.

FÜR EINEN DRINK.

Minzsirup

1 l Wasser
200 g Zucker
Schalen von 2 unbehandelten Orangen in großen Stücken
Schalen von 2 Limonen in großen Stücken
1 längs aufgeschnittene Vanilleschote
4 frische Minzzweige

Alles zusammen in einen Kochtopf geben und bei mittlerer Hitze aufkochen lassen. Wenn der Sirup kocht, vom Herd nehmen. Abgießen und abkühlen lassen. Im Kühlschrank aufbewahren.

ERGIBT 1 LITER SIRUP.

Minzsirup verwendet man für den Blue Parrot, Minz-Zitrus-Eisdrink (S. 13), den Zitrus-Minz-Salat mit Minze (S. 35) und den Marokkanischen Minzbrand (S. 8).

Rick's Whiskey Cocktail

RICK: „Sag mir, weswegen hast Du mich verlassen?
Wegen Laszlo, oder gab es noch andere dazwischen?
Oder gehörst Du nicht zu der Sorte, die darüber spricht?"

¹/₂ Teelöffel Zucker
etwas Wasser
60 ml Bourbon oder Rye Whiskey
1 – 2 Tropfen Bittermandelaroma
¹/₂ Teelöffel Mandelaroma
Eine ganze Kaffeebohne

Zucker im Cocktailglas in ganz wenig Wasser auflösen. Mit Eis auffüllen. In separatem Becher Eis, Whiskey, Bittermandelaroma und Mandelaroma verrühren und anschließend in das Cocktailglas gießen. Mit der Kaffeebohne garniert servieren.

FÜR EINEN DRINK.

Señor Ferraris Mandel-Eiscafe

0,4 l frisch gebrühter Kaffee
45 ml Amaretto
ungesüßte, steif geschlagene Sahne
Zimt

Kaffee abkühlen lassen. Sahne schlagen. Kaffee in zwei hohe, eisgefüllte Gläser gießen. Amaretto zugeben. Umrühren. Sahnehauben aufsetzen und mit Zimt bestreuen.
Statt des Amaretto können für eine alkoholfreie Variante auch 2 Teelöffel Mandelaroma verwendet werden.

FÜR ZWEI DRINKS.

Sperrstunden-Cognac-Capuccino

RENAULT: „Wir haben hier in Casablanca Sperrstunde.
Es würde einen schlechten Eindruck machen, wenn
man den Polizeipräfekten noch beim Trinken erwischt
und er sich selbst eine Geldstrafe auferlegen muß.“

30 ml Cognac
1 Eßlöffel Honig
180 ml Capuccino oder Milchkaffee
Kakaopulver

Cognac und Honig in den fertigen Capuccino geben, mit Kakaopulver bestreuen und sofort servieren.

FÜR EINEN DRINK.

Citrus Cocktail „Freies Frankreich"

45 ml Gin
2 Teelöffel Pernod oder Ricard
150 ml frisch gepreßter Orangensaft
Limonenscheibe

Alles in ein eisgefülltes Glas geben, mit der Limonenscheibe garnieren und servieren.

FÜR EINEN DRINK.

Saschas Wodka Fizz Zitrone

90 ml frisch gepreßter Zitronensaft
2 Teelöffel Zucker
45 ml Wodka
120 ml Sodawasser
unbehandelte Zitronenschale

Zitronensaft und Zucker in einem gekühlten Longdrink-Glas verrühren. Eis auffüllen. Wodka und Sodawasser zugeben. Mit Zitronenschale garnieren und sofort servieren.

FÜR EINEN DRINK.

★ *Die kleine Zwischenfrage* ★
Welche Drinks nimmt Victor Laszlo im Rick's?
Cointreau, Champagnercocktail, Cognac und Whiskey.

Bergers Eistee mit Minze

1,5 Eßlöffel (4 Teebeutel) grüner chinesischer Tee
1 l Wasser
1 Orange in dünnen Scheiben
1 Zitrone in dünnen Scheiben
150 g Zucker
8 frische Minzzweige
Minzblätter

Tee aufgießen und 5 Minuten lang ziehen lassen.
Orangen- und Zitronenscheiben in hitzefesten Krug geben.
Tee zugeben. Zucker und Minzzweige hineinrühren. Mindestens eine Stunde lang abkühlen lassen. In großen, eisgefüllten Gläsern mit der Minze garniert servieren.

Marokkanischer Tee ist süß und schmeckt stark nach Pfefferminze. Gegebenenfalls entsprechend weniger Minze und Zucker zugeben.

FÜR VIER DRINKS.

Aufgeschlagener Früchtejoghurt

250 g Joghurt
125 g gemischte Beeren
2 Eßlöffel Honig
2 Eßlöffel frisch gepreßter Orangensaft
2 Minzzweige

Beeren pürieren. Übrige Zutaten zugeben und alles gut verrühren. Mit Minzzweigen garnieren und sofort servieren.

FÜR ZWEI DRINKS.

Minz-Zitrus-Eisdrink „Blue Parrot"

360 ml frisch gepreßter Orangensaft
180 ml frisch gepreßter Zitronensaft
240 ml frisch gepreßter Grapefruitsaft
360 ml Minzsirup (s. S. 8)
4 Minzzweige
4 Limonenscheiben

Alle Zutaten in einem Krug mischen. Kühlen und in großen eisgefüllten Gläsern servieren. Mit Minzzweigen und Limonenscheiben garnieren.

Ein erfrischendes, nicht zu süßes Minz-Zitrus-Getränk. Kann je nach persönlichem Geschmack auch gezuckert werden.

FÜR VIER DRINKS.

Mandeln Café Americain

15 g Butter
1 Teelöffel gestoßener Kreuzkümmel
¹/₂ Teelöffel Cayennepfeffer
¹/₂ Teelöffel Salz
160 g ganze Mandeln

Backofen auf 200 Grad vorheizen. Geschmolzene Butter mit Kreuzkümmel, Cayennepfeffer und Salz verrühren. Mandeln dazugeben und solange darin rühren, bis sie ganz von der Mischung überzogen sind. Danach werden sie auf dem Backblech etwa 8 Minuten geröstet und dabei ab und zu gewendet.

ERGIBT EINE TASSE VOLL.

Emils aromatische Kräutermischung

4 gehackte Knoblauchzehen
2 Eßlöffel gehackte Petersilie
2 Eßlöffel gehackte Korianderblätter
1 Teelöffel getrockneter Majoran
1 Teelöffel Salz
¹/₂ Teelöffel frisch gemahlener schwarzer Pfeffer
¹/₈ Teelöffel Cayennepfeffer
¹/₂ Teelöffel getrockneter Thymian
¹/₂ Teelöffel Safranfäden

Alle Ingredienzien in einer kleinen Schüssel vermischen. Luftdicht verschlossen im Kühlschrank aufbewahren. Hält 2 – 3 Tage.

Emils aromatische Kräutermischung können Sie in den Gewürzoliven (S. 15), Schwertfischspießchen (S. 23) und in Louis' Kartoffelsalat (S. 34) verwenden.

Abduls geheime Kräutermischung

¹/₂ Teelöffel gemahlener Zimt
1 Teelöffel Kurkumapulver
1 Teelöffel gestoßener Kreuzkümmel
1 Teelöffel gemahlener Koriander
¹/₄ Teelöffel frisch gemahlener schwarzer Pfeffer
¹/₄ Teelöffel gemahlene Muskatnuß
¹/₂ Teelöffel geschroteter roter Pfeffer
1 Teelöffel Safranfäden
1 Teelöffel Salz

Alle Gewürze in einer kleinen Schüssel vermischen.

Zum Würzen von marinierten schwarzen Oliven (S. 16). Ziegenkäsetaschen (S. 28) und marokkanischem Couscous (S. 25).

Gewürzte grüne Oliven

450 g grüne Oliven
3 Eßlöffel Olivenöl
1 Teelöffel Honig
1 Portion Emils aromatische Kräutermischung (s. S. 14)

Alles in eine mittelgroße Schüssel geben. Zudecken und einen Tag in den Kühlschrank stellen. Mit Cocktails servieren. Hält eine Woche im Kühlschrank.

FÜR 450 G OLIVEN.

Marinierte schwarze Oliven

RENAULT: „Was hat Sie in Gottes Namen nach Casablanca
    gebracht?"
RICK: „Meine Gesundheit; ich kam nach Casablanca wegen
    der Quellen."
RENAULT: „Quellen? Was für Quellen? Wir sind in der Wüste."
RICK: „Man hat mich falsch informiert."

450 g schwarze Oliven
2 Teelöffel von Abduls geheimer Kräutermischung (s. S. 15)
2 Eßlöffel fein geriebene Schale von eingelegten Zitronen (s. S. 17)
1 Teelöffel geschroteter roter Pfeffer

Alles in einer mittelgroßen Schüssel vermischen. Über Nacht
oder länger im Kühlschrank marinieren lassen. 2 Wochen lang
haltbar. (Anstelle der eingelegten Zitrone kann auch fein
geriebene Schale von frischen, unbehandelten Zitronen verwendet werden.)

FÜR 450 G.

Süß eingelegte Zitronen

4 kleine, unbehandelte Zitronen
400 g Zucker

Zitronen in hauchdünne Scheiben schneiden. Zitronen und
Zucker abwechselnd schichtweise in ein 1 Liter-Gefäß geben
und luftdicht abdecken. Falls bis zum nächsten Tag die Flüssigkeit die Zitronen noch nicht bedeckt hat, zusätzlich zuckern.
Kein Wasser zugeben. Nach zwei Wochen sind die Zitronen
gebrauchsfertig und halten sich gekühlt bis zu sechs Monate
lang.

In Zucker eingelegte Zitronen verwendet man im Zitronen-Joghurt-Kuchen (S. 53) und in den „As Time Goes By" – Zitronenplätzchen (S. 64). Man kann damit auch Butter würzen, sie auf Obstschalen geben oder anstelle von Zitronenschale bei anderen Desserts verwenden.

Eingelegte Zitronen

4 kleine Zitronen
400 g Salz

Zubereitung wie beim obigen Rezept. Nur Salz anstelle von Zucker verwenden. Außerdem Zitronen nicht in Scheiben schneiden, sondern rund um die Mitte der Früchte Löcher ausstechen. Mit diesem alten marokkanischen Gewürz kann man vielen Speisen, Suppen und Eintöpfen einen pikanten Geschmack verleihen.

Zur Verwendung in Martini mit eingelegter Limone (S. 8) und in den marinierten schwarzen Oliven (S. 16).

KEBABS UND ANDERE HORS D'OEUVRES

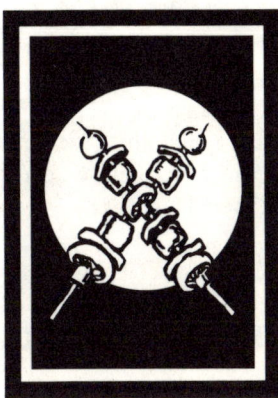

*„Champagner
und eine Portion
Kaviar"*

Carls Koriander Krabben-Kebab

24 mittelgroße Krabben
120 ml Olivenöl
80 ml Zitronensaft
1 Teelöffel Salz
1/4 Teelöffel frisch gemahlener schwarzer Pfeffer
2 Teelöffel getrockneter Majoran
4 gehackte Knoblauchzehen
6 frische Korianderstengel, gehackt

Alles in einer mittelgroßen Schüssel gut durchmischen. Mehrere Stunden marinieren oder über Nacht in den Kühlschrank stellen. Je 3 Krabben am Spieß beidseitig je 2 Minuten kochen oder grillen, bis sie gar sind.

FÜR ACHT KEBABS.

Major Strassers Lammhack-Kebabs

STRASSER: „Herr Laszlo, wir wollen nichts beschönigen.
Sie sind ein entflohener Häftling des Reiches. "

700 g gehacktes Lammfleisch
1 Teelöffel gemahlener Kreuzkümmel
1 Teelöffel Zimt
2 Eßlöffel gehackte, frische Korianderblätter
1 mittelgroße, fein gehackte Zwiebel
2 gehackte Knoblauchzehen
1/2 Teelöffel Salz
1/4 Teelöffel frisch gemahlener schwarzer Pfeffer
1/3 Teelöffel Cayennepfeffer
30 g gemahlene Mandeln

Alle Zutaten in einer mittelgroßen Schüssel gut verkneten. Aus der Masse Bällchen mit ca. 4 cm Durchmesser formen. 3 Bällchen auf jeden Spieß stecken. Bei 175 Grad ca. 10 Minuten backen oder so lange grillen bis das Fleisch gar ist. Mit Joghurt-Minz-Sauce (s. unten) und warmem Fladenbrot servieren (Anm.: Holzspieße vor dem Kochen eine Stunde lang in kaltes Wasser legen.)

FÜR ZEHN KEBABS (30 BÄLLCHEN).

Joghurt-Minz-Sauce

225 g fettarmer Joghurt
1 Eßlöffel frische, gehackte Minzeblätter
2 Teelöffel Honig
$^1/_4$ Teelöffel Salz

Alle Zutaten in einer Schüssel gut verrühren.

Als Dip für Major Strassers Lammhack-Kebabs (S. 20), Yvonnes Würzkartoffelbällchen (S. 26) und Emils Kichererbsenplätzchen (S. 31).

Hühnchen-Aprikosen-Kebab

2 ganze Hühnerbrüstchen, in 4 cm große Stücke zerteilt
3 kleine gehackte Knoblauchzehen
1 Zimtstange
1 Teelöffel Salz
gemahlener Pfeffer
$^1/_4$ Teelöffel Ingwerpulver
Saft einer Orange
1 Eßlöffel Honig
1 Eßlöffel Olivenöl
8 – 9 frische, halbierte Aprikosen

GLASUR:
2 Eßlöffel Honig
1 Eßlöffel Orangensaft
1 Eßlöffel Zitronensaft

Fleischstücke in eine mittelgroße Schüssel geben. Übrige Zutaten zugeben und alles gründlich durchrühren. Mit Folie abdecken, marinieren oder über Nacht in den Kühlschrank stellen. Abwechselnd je zwei Fleischstücke und eine Aprikose auf den Spieß stecken. Auf dem Holzkohle- oder dem klein eingestellten Gasgrill ca. 15 Minuten lang grillen, dabei mit Marinade einpinseln und einmal wenden. Kurz bevor die Spieße vom Grill kommen, Glasur aufpinseln. Servieren. (Anm.: Holzspieße vor dem Grillen eine Stunde lang in kaltes Wasser legen.)

Glasur: Honig und Saft in kleinem Topf aufkochen und danach abkühlen lassen.

FÜR SECHS KEBABS.

Schwertfischspießchen

700 g Schwertfischfleisch in ca. 4 cm große Würfel geschnitten
60 ml Olivenöl
2 Teelöffel Honig
1 Eßlöffel Limonensaft
Die halbe Menge von Emils aromatischer
Kräutermischung (s. S. 14)
2 rote Paprikaschoten,
in Stücke von ca. 4 cm Durchmesser geschnitten

Olivenöl, Honig, Limonensaft und Kräuter verrühren.
Schwertfischstücke 2 Stunden bei Raumtemperatur oder über
Nacht im Kühlschrank marinieren. 4 Fisch- und Paprikastücke
auf jeden Spieß stecken. Auf jeder Seite 2 bis 3 Minuten grillen
oder braten und dabei mit Marinade einpinseln. Nicht verkochen
lassen. (Anm.: Holzspieße vor dem Grillen eine Stunde lang in
kaltes Wasser legen.)

FÜR ETWA ACHT KEBABS.

★ Casablanca-Rätsel ★

*Ein Rätselspiel, in dem nur Filme gelten, in denen die Schau-
spieler von Casablanca agieren. Filmprofis erraten entweder
den Film oder den Darsteller. Hier einige Vorschläge: Humphrey
Bogart:* Oklahoma Kid; Das zweite Leben des Dr. X; High
Sierra; Die Spur des Falken/Der Malteserfalke; *Ingrid Berg-
mann:* Intermezzo; Angst; Wem die Stunde schlägt; Gefähr-
liche Liebe; *Paul Henreid:* Reise aus der Vergangenheit,
Johanna von Orleans; *Claude Rains:* Die Abenteuer von Robin
Hood; Der Unsichtbare; Weißes Gift/Berüchtigt; *Conrad
Veidt:* Das Cabinet des Dr. Caligari; Der Dieb von Bagdad;
Peter Lorre: M; Arsen und Spitzenhäubchen; Schach dem
Teufel; *Dooley Wilson:* Geliebte Spionin; *S. Z. Sakall:* Yankee
Doodle Dandy.

„Vive la France" – Gemüsekebab

1 gelbe Paprikaschote in 4 cm große Stücke geschnitten
1 milde rote Pfefferschote in 4 cm große Stücke geschnitten
1 mittelgroße Aubergine in 4 cm große Stücke geschnitten
2 kleine Zucchinis, in ca. 1 cm starke Scheiben geschnitten
2 Eßlöffel Honig
60 ml Essig
120 ml Olivenöl
1 Teelöffel Salz
$1/4$ Teelöffel frisch gemahlener schwarzer Pfeffer
2 Teelöffel gemahlener Koriander

Gemüsestücke mit den übrigen Zutaten in großer Schüssel mischen. Bei Zimmertemperatur 4 Stunden marinieren und dabei alle 30 Minuten mit der Marinade übergießen. Gemüsestücke aufspießen und etwa 3 Minuten lang auf allen Seiten grillen oder braten bis sie gebräunt sind. Mit der restlichen Marinade als Dip servieren. (Anm.: Holzspieße vor dem Grillen eine Stunde lang in kaltes Wasser legen.)

FÜR ZEHN KEBABS.

Marokkanischer Couscous

450 g Couscous
1 ganze Portion von Abduls geheimer Kräutermischung (s. S. 15)
280 g Rosinen
500 g Kichererbsen aus der Dose
2 gehackte Knoblauchzehen
1 Eßlöffel frischer, gehackter Koriander
1 große Tomate in Würfel geschnitten
1 rote Zwiebel in Würfel geschnitten
Saft einer Zitrone
Saft einer Orange
4 Eßlöffel Olivenöl
$^1/_2$ l ungesalzene Hühnerbrühe oder Wasser

· Den trockenen Couscous in ein feines Sieb geben und ihn mit Wasser vollständig durchfeuchten. Eine halbe Minute abtropfen lassen. Couscous auf ein Backblech aufstreichen, mit feuchtem Tuch abdecken und 30 Minuten lang stehen lassen. Danach den Couscous in eine große Schüssel geben. Übrige Zutaten zugeben und alles mischen. In diesem Zustand kann der Couscous bis zu drei Tagen im Kühlschrank aufbewahrt werden. Vor dem Servieren wird er in einer geschlossenen Form mit Wasser oder Hühnerbrühe bei 200 Grad so lange in den Backofen gestellt, bis alle Flüssigkeit aufgesogen ist (etwa 20 Minuten lang). Couscous paßt gut zu Kebabs.

FÜR SECHS BIS ACHT PORTIONEN.

Yvonnes Würzkartoffelbällchen

YVONNE: „Wo warst Du gestern Nacht?"
RICK: „Das ist so lange her, ich erinnere mich nicht mehr."
YVONNE: „Sehen wir uns heute Nacht?"
RICK: „Ich plane nie so weit im voraus."

200 g Kartoffelbrei
1 Teelöffel Salz
8 frische Pfefferminzstengel, gehackt
$1/2$ Teelöffel Cayennepfeffer
$1/2$ Teelöffel gemahlener Koriander
50 g getrocknete, gewürzte Semmelbrösel
1 verquirltes Ei
Pflanzenöl zum Fritieren
1 Portion Joghurt-Minz-Sauce (s. S. 21)

Kartoffelbrei, Minze, Salz, Cayennepfeffer und Koriander in eine mittelgroße Schüssel geben. Aus eßlöffelgroßen Portionen Bällchen formen. Diese in den Semmelbröseln, dann im Ei und anschließend wieder in den Semmelbröseln wälzen. Öl bei mittlerer Temperatur in einer tiefen Pfanne erhitzen. Kartoffelbällchen darin etwa eine Minute lang sieden, bis sie braun und knusprig sind. Abtropfen lassen und mit der Joghurt-Minz-Sauce servieren.

FÜR 16 BÄLLCHEN.

Moors Bisteeya

2 Eßlöffel Olivenöl
1 mittelgroße, gehackte Zwiebel
500 g Lamm- oder Rinderhack

2 ausgepreßte Knoblauchzehen
3 Eßlöffel gehackte Petersilie
1 Teelöffel Salz
$1/4$ Teelöffel frisch gemahlener schwarzer Pfeffer
$3/4$ Teelöffel gemahlener Zimt
2 verquirlte Eier
7 Lagen Filoteig (ersatzweise Blätterteig)
60 g geschmolzene Butter
40 g geschälte, gehackte Mandeln
2 Teelöffel Puderzucker

Backofen auf 200 Grad vorheizen. Öl in einem großen Topf erhitzen. Zwiebel bei mittlerer Hitze glasig braten. Sie darf nicht braun werden. Hackfleisch, Knoblauch , Petersilie, Salz, Pfeffer und $1/4$ Teelöffel Zimt zugeben. Bei mittlerer Hitze weiterbraten, bis das Fleisch braun ist. Vom Herd nehmen, Eier einrühren und stehen lassen. Erste Lage Filoteig auf das Blech legen, vorher gegebenenfalls auf Blechgröße auswalzen. Leicht mit Butter bepinseln. Zweite und dritte Schicht Teig darauflegen. Diese Schichten ebenfalls mit Butter bepinseln. Nun mit $1/4$ Teelöffel Zimt und 20 g Mandeln bestreuen. Fleischfüllung gleichmäßig so auf den Teig aufstreichen, daß rundherum ein 2,5 cm breiter Rand freibleibt. Vierte Lage Filoteig darauflegen und mit Butter bepinseln. Das gleiche mit der fünften und der sechsten Lage wiederholen. Wieder $1/4$ Teelöffel Zimt und 20 g Mandeln sowie den Puderzucker aufstreuen. Das Ganze mit der letzten Teiglage abdecken und diese nochmals mit Butter bestreichen. Backzeit etwa 20 – 25 Minuten, bis der Teig knusprig und goldbraun ist. In 24 quadratische Stücke teilen und sofort servieren.

FÜR 24 STÜCK.

Ziegenkäsetaschen

*Dunkelhaariger Typ: „Ich bitte Sie Monsieur, passen
Sie auf sich auf. Diese Stadt ist voller dunkler Elemente."
(Zieht dem Touristen die Brieftasche).
„Überall, an allen Ecken lauern Sie einem auf."*

*320 g Ziegenkäse
120 g Frischkäse
2 Teelöffel von Abduls geheimer Kräutermischung (s. S. 15)
¹/₂ Teelöffel Kurkuma
1 milde rote Pfefferschote geröstet (s. Anmerkung)
und gehackt
10 Lagen Filoteig
120 g geschmolzene Butter
80 g geriebener Parmesan*

Ziegenkäse, Frischkäse, Kräutermischung, Kurkuma und rote
Pfefferschote in mittelgroßer Schüssel zusammenrühren. Erste
Lage Filoteig auslegen. Leicht mit Butter einpinseln und
1 Teelöffel Parmesan darüberstreuen. Zweite Lage Teig auf
die erste legen und ebenso verfahren. Dann den Teig in gleich
lange Streifen von ca. 5 cm Breite und 30 cm Länge schneiden.
Daraus Quadrate schneiden und je einen Teelöffel Füllung
daraufgeben. Zu dreieckigen Taschen zusammenfalten, die
Kanten mit Butter versiegeln. Dies mit jeweils doppellagigem
Filoteig so lange wiederholen, bis die ganze Füllung aufge-
braucht ist. Backofen auf 200 Grad vorheizen. Taschen nochmals mit Butter bestreichen und mit Parmesan bestreuen. Ca.
10 Minuten backen, bis die Taschen goldbraun sind. 3 Minuten
lang abkühlen lassen.

Die Taschen können vorbereitet und eingefroren werden. Die
noch gefrorenen Taschen dann etwa 12 Minuten lang backen.

ANMERKUNG: Die rote Pfefferschote wird so lange gebraten oder gegrillt, bis die Schale Blasen wirft. Dann die Schote schälen, aufschneiden und Kerne entfernen.

FÜR 30 TASCHEN.

Thunfischpaste

175 g Thunfisch aus der Dose
175 g schwarze Oliven
4 Anchovisfilets
2 Eßlöffel Kapern
2 Eßlöffel Olivenöl
2 Teelöffel Dijonsenf oder scharfer Senf
1 große Knoblauchzehe
getoastetes Pitabrot (Fladenbrot)

Alle Zutaten außer dem Brot im Mixer zu einer Paste verarbeiten. Mit dem gerösteten, in Dreiecke geschnittenen Pitabrot servieren.

FÜR 320 ml PASTE.

Ugartes pikante Hähnchenflügel

1400 g Hähnchenflügel
120 g Dijonsenf
225 g Honig
1 Eßlöffel frische, geriebene Ingwerwurzel
1 Eßlöffel frische, gehackte Korianderblätter
3 Eßlöffel Zitronensaft
1 Teelöffel Salz
$^1/_4$ Teelöffel frisch gemahlener schwarzer Pfeffer
2 feingehackte Knoblauchzehen
2 Eßlöffel Harissa

Alle Zutaten in einer großen Schüssel mischen. Fleisch zwei bis drei Stunden im Kühlschrank marinieren. Die Hähnchenflügel auf den Kohlen- oder Gasgrill legen und regelmäßig mit der Marinade bepinseln. Die Flügel können auch im auf 200 Grad vorgeheizten Backofen gebacken werden. Sie bleiben etwa 10 Minuten auf einem Backblech oder der Pfanne im Herd, werden dann gewendet, mit der Marinade eingepinselt und nochmals drei Minuten im Herd belassen, bis sie gebräunt sind.

Harissa ist eine pikante Pfefferpaste. Wo sie nicht erhältlich ist, kann sie durch eine Mischung aus 2 – 3 Teelöffel Tomatenmark mit einem halben Teelöffel Cayennepfeffer ersetzt werden. Schärfe: 1 Eßlöffel Harissa = mild; 2 Eßlöffel Harissa = mittelscharf; 3 Eßlöffel Harissa = sehr scharf.

FÜR 25 FLÜGEL.

Emils Kichererbsenplätzchen

500 g Kichererbsen aus der Dose
1 Ei
3 Teelöffel von Abduls geheimer Kräutermischung (s. S. 15)
60 g Mehl
1 l Pflanzenöl
Salz und Cayennepfeffer nach Belieben

Kichererbsen im Mixer pürieren. Ei und Kräutermischung dazugeben und einarbeiten. Hände bemehlen und aus der Masse ca. 4 cm große Plätzchen formen. Hände zwischendurch immer wieder bemehlen. Plätzchen auf ein mit Backpapier belegtes Blech legen. Mindestens 15 Minuten kühl stellen. Die Plätzchen etwa eine Minute fritieren, bis sie goldbraun sind. Zum Abtropfen auf Küchenkrepp legen. Nach Wunsch salzen und pfeffern. Sofort mit der Joghurt-Minz-Sauce servieren (s. S. 21).

FÜR 40 STÜCK.

DELIKATE UND PIKANTE SALATE

„Aber zu der Erkenntnis,
daß die Probleme dreier Menschen
in dieser verrückten Welt
völlig ohne Belang sind,
gehört nicht viel."

Louis' Kartoffelsalat

RICK: „Er (Laszlo) entkam aus einem KZ und die Nazis
haben ihn durch ganz Europa gehetzt. "
RENAULT: „Hier ist die Hetzjagd zu Ende. "
RICK: „Zwanzigtausend Francs wette ich dagegen. "
RENAULT: „Ist das ernst gemeint?"
RICK: „Ich habe eben zwanzigtausend ausgezahlt,
die möchte ich wiederhaben. "
RENAULT: „Sagen wir zehn. Ich bin nur ein armer korrupter
Beamter. "

900 g festkochende Kartoffeln, in mundgerechte Stücke
geschnitten
1 mittelgroße, geschälte Karotte
2 mittelgroße Stangen Sellerie
3 Eßlöffel Olivenöl
2 Eßlöffel Zitronensaft
1 Portion von Emils aromatischer Kräutermischung (s. S. 14)

Kartoffeln in wenig Salzwasser geben und schnell aufkochen
lassen. Anschließend bei kleiner Hitze ca. 20 Minuten leicht
kochen lassen, bis sie weich sind. Wasser abgießen. Übrige Zutaten in eine große Schüssel geben. Kartoffeln dazugeben und
alles gut durchmischen.

FÜR SECHS PORTIONEN.

Casablanca-Couscoussalat

400 ml Hühnerbrühe
140 g Couscous
1 mittelgroße Tomate, in Würfel geschnitten

1 mittelgroße Schalotte, in Ringe geschnitten
30 g gehackte, geröstete Mandeln
30 g Rosinen
60 ml Zitronensaft
60 ml Olivenöl
3 Eßlöffel frische gehackte Minze
2 Eßlöffel gehackte Petersilie
³/4 Teelöffel Salz
¹/4 Teelöffel frisch gemahlener schwarzer Pfeffer

Hühnerbrühe aufkochen. Couscous zugeben. Abdecken und bei kleiner Hitze 3 – 5 Minuten leicht kochen lassen, bis alle Flüssigkeit aufgesogen ist. Vom Herd nehmen und auf Zimmertemperatur abkühlen lassen. Zwischendurch die übrigen Zutaten in großer Schüssel mischen. Couscous zugeben und alles gut durchmischen.

FÜR VIER PORTIONEN.

Zitrus-Minz-Salat

250 g entkernte Kirschen
5 geschälte und zerteilte Orangen
3 rote Grapefruits, geschält und zerteilt
350 ml Minzsirup (s. S. 8)
frische Minzzweige

Früchte in einer Schüssel mischen. Minzsirup darübergießen und über Nacht im Kühlschrank durchziehen lassen. Mit den Minzzweigen garniert servieren.

FÜR VIER PORTIONEN.

Auberginensalat „Ausreisevisum"

RENAULT: „Rick, in diesem Café werden viele Ausreisevisa
   verkauft, aber wir wissen, daß Sie nie eines verkauft
   haben. Deshalb haben wir Ihnen auch erlaubt, Ihr
   Lokal weiterzuführen."
RICK: „Ich dachte, es sei, weil ich Sie beim Roulette
   gewinnen lasse."
RENAULT: „Naja, das ist auch ein Grund."

1 große in 2,5 cm große Würfel geschnittene Aubergine
80 ml Olivenöl
1 große Zwiebel, in Ringe geschnitten
2 rote oder gelbe Paprikaschoten ohne Kerne,
in dünne Streifen geschnitten
3 große, gehackte Knoblauchzehen
40 g gehackte, entkernte schwarze Oliven
3 Eßlöffel gehackte Petersilie
1 1/4 Teelöffel Salz
1/8 Teelöffel Cayennepfeffer

Auberginenwürfel in eine Pfanne geben und bei mittlerer
Hitze etwa 5 Minuten lang im Öl anbraten. Dabei gelegentlich
umrühren. Zwiebelringe dazugeben und weitere 5 Minuten
lang braten. Paprika und Knoblauch zugeben und nochmals
5 Minuten bei gelegentlichem Umrühren braten, bis alles gar
ist. In großer Schüssel das Gemüse mit Oliven, Petersilie, Salz
und Pfeffer gut durchmischen. Entweder warm oder gekühlt
servieren.

FÜR VIER PORTIONEN.

Laszlos Meeresfrüchte à la Marseillaise

250 g Tintenfisch
1 Teelöffel Salz
2 Eßlöffel Olivenöl
250 g Shrimps
250 g Muscheln
1 große Knoblauchzehe
1 große, in Scheiben geschnittene Tomate
40 g entkernte, geschnittene Oliven
3 Eßlöffel gehackte Petersilie
2 Eßlöffel Zitronensaft
1 Eßlöffel gemahlener Koriander

Tentakeln der Tintenfische abschneiden und die Teile der Tentakeln mit dem Tintensack wegwerfen. Knorpel und lose Teile aus dem Mittelstück entfernen. Die dünne, dunkle äußere Haut der Tintenfische vorsichtig abziehen. Danach Mittelstück und Tentakeln unter fließendem Wasser spülen. Mittelstück in 1,5 cm breite Ringe schneiden. Tentakeln halbieren.

Ca. 1,5 cm Wasser und $\frac{1}{2}$ Teelöffel Salz in kleinem Topf aufkochen. Tintenfisch zugeben und bei mittlerer Hitze 3 – 5 Minuten kochen, bis er zart und undurchsichtig ist. Gut abtropfen lassen und in eine große Schüssel geben.

Shrimps, Muscheln und Knoblauch bei mittlerer Hitze unter ständigem Rühren garkochen. Alle Zutaten zusammen mit $\frac{1}{2}$ Teelöffel Salz in der großen Schüssel gut durchmischen. Abdecken und unter gelegentlichem Umrühren mindestens zwei Stunden lang abkühlen lassen.

FÜR SECHS PORTIONEN.

Karotten- und Rote Bete-Salat „Kurier"

UGARTE: „Sie verachten mich, nicht wahr?"
RICK: „Wenn ich einen Gedanken an Sie verschwenden
würde, wahrscheinlich."

1 kg frische Rote Bete
oder 1 kg Rote Bete aus dem Glas ohne Saft
3 Eßlöffel Olivenöl
3 Eßlöffel Zitronensaft
1 kleine, gehackte Knoblauchzehe
^{1}/$_2$ Teelöffel gemahlener Kreuzkümmel
^{1}/$_2$ Teelöffel Salz
^{1}/$_2$ Teelöffel Zucker
^{1}/$_4$ Teelöffel schwarzer Pfeffer
4 mittelgroße geschälte Karotten

Backofen auf 200 Grad vorheizen. Große Rote Bete halbieren und in mit Alufolie ausgelegte Saftpfanne geben. Rote Bete 45 – 60 Minuten (je nach Größe) garen lassen. (Dieser Arbeitsgang entfällt bei der Verwendung von eingelegter Roter Bete.) In der Zwischenzeit Olivenöl, Zitronensaft, Knoblauch, Kreuzkümmel, Salz, Zucker und Pfeffer vermischen. Rote Bete schälen. Rote Bete und Karotten streifenförmig zerteilen und mit der Salatsauce vermischen.

FÜR SECHS PORTIONEN.

Ugartes Orangen-Artischockensalat

*UGARTE: „Wissen Sie Rick, ich habe viele Freunde in
Casablanca, aber weil Sie mich verachten, sind Sie
der einzige Mensch, dem ich traue.“*

1 kg gefrorene Artischockenherzen
120 ml Orangensaft
3 mittlere, geschälte Navelorangen
2 Eßlöffel gehackte Petersilie
1 Eßlöffel Olivenöl
2 Teelöffel abgeriebene Schale einer unbehandelten Orange
$^1/_2$ Teelöffel getrockneter Majoran
$^1/_2$ Teelöffel Zucker
$^1/_4$ Teelöffel Salz

Artischockenherzen und Orangensaft in einem Topf aufkochen,
zudecken und 5 Minuten leicht kochen lassen, bis die Artischocken gar sind. Abgießen, aber 2 Eßlöffel des Saftes aufbewahren. Auf Zimmertemperatur abkühlen lassen. Zwischendurch geschälte Orangen in ca. 5 mm dicke Scheiben schneiden
und diese halbieren. Saft, Petersilie, Olivenöl, Orangenschale,
Majoran, Zucker und Salz in einer mittelgroßen Schüssel verrühren. Orangenscheiben und Artischocken dazugeben und
vorsichtig mischen.

FÜR SECHS PORTIONEN.

Kasbah-Kichererbsensalat

2 Eßlöffel Olivenöl
1 mittelgroße, in Scheiben geschnittene rote Zwiebel
1 Teelöffel gemahlener Kreuzkümmel
1 mittelgroße, geschälte Gurke
500 g Kichererbsen aus der Dose
2 Eßlöffel Zitronensaft
³/₄ Teelöffel Salz

Rote Zwiebel bei mittlerer Hitze im Öl glasig dünsten. Kreuzkümmel dazugeben und nochmals 1 Minute garen. Gurke
längs halbieren und in 0,5 cm dicke Scheiben schneiden.
Gurke, Kichererbsen, Zitronensaft und Zwiebelmischung in
eine mittelgroße Schüssel geben und gut vermischen.

FÜR VIER PORTIONEN.

„Letzter Flug" – Linsen- und Lammsalat

RICK: „Wenn Du jetzt nicht mit ihm (Laszlo) gehst,
wirst Du es bereuen."
ILSA: „Nein"
RICK: „Vielleicht nicht heute, vielleicht nicht morgen,
aber bald, und dann bis an Dein Lebensende."

500 g Lammfleisch, in 2 cm große Würfel geschnitten
2 Eßlöffel Olivenöl
3 mittelgroße, geschälte und in dünne Scheiben
geschnittene Karotten
1 mittelgroße, in Scheiben geschnittene Zwiebel
2 große, gehackte Knoblauchzehen
¹/₂ l Wasser
250 g Linsen

1 ¹/₂ Teelöffel Salz
1 Teelöffel gemahlener Kreuzkümmel
¹/₄ Teelöffel gemahlener roter Pfeffer

Lamm bei mittlerer Hitze so lange unter Rühren im Olivenöl anbraten, bis es rundherum gebräunt ist. Fleisch in eine Schüssel geben. Im verbleibenden Bratensatz Karotten, Zwiebel und Knoblauch bei mittlerer Hitze ca. 5 Minuten lang dünsten und dabei gelegentlich umrühren. Wasser, Linsen, Salz, Kreuzkümmel, Pfeffer und das Lammfleisch zugeben und alles aufkochen lassen. Danach bei kleiner Hitze abgedeckt etwa 45 Minuten kochen lassen und dabei ab und zu umrühren.

FÜR SECHS PORTIONEN.

Karottensalat Vichy

RICK: *„Louis, ich glaube, dies ist der Beginn einer wunderbaren Freundschaft."*

30 g Butter
500 g kleine, geschälte Karotten
2 Teelöffel Zucker
2 Eßlöffel Wasser
1 Eßlöffel Obstessig
¹/₂ Teelöffel Salz
2 Eßlöffel gehackter, frischer Koriander

Butter bei mittlerer Hitze schmelzen. Karotten und Zucker zugeben und gut durchrühren. Wasser, Essig und Salz dazugeben und aufkochen. Danach zudecken und etwa 15 Minuten schwach kochen lassen, bis die Karotten weich sind. Koriander dazugeben. Warm oder bei Zimmertemperatur servieren.

FÜR VIER PORTIONEN.

KÖSTLICHE
DESSERTS

*„Der erste Bankier von
Amsterdam arbeitet als Chefkonditor
in unserer Küche."*

„Play it" – Pflaumenparfait

ILSA: „Spiel es einmal Sam, zur Erinnerung an damals."
SAM: „Ich weiß nicht, was Sie meinen, Miss Ilsa?"
ILSA: „Spiel es, Sam. Spiel „As Time Goes By."

30 g Butter
2 Eßlöffel Honig
80 g gehackte Mandeln
$^1/_4$ Teelöffel gemahlener Ingwer
$^1/_4$ Teelöffel Zimt
2 große, entkernte Pflaumen
3 Eßlöffel Orangensaft
2 Eßlöffel brauner Zucker
1 Zimtstange
5 cm geschälter frischer Ingwer
0,5 l Vanilleeis

Butter schmelzen. Honig einrühren und die Mandeln zugeben. Kochen, bis die Mandeln braun werden und der Honig leicht karamelisiert. Vom Herd nehmen und gemahlenen Ingwer und Zimt dazugeben. Abkühlen lassen und die Masse grob zerkleinern.

Pflaumen in 1,5 cm dicke Scheiben schneiden und in einen kleinen Topf geben. Orangensaft, braunen Zucker, Zimtstange und frischen Ingwer zugeben. Alles bei kleiner Hitze 4 bis 5 Minuten leicht kochen lassen, bis die Pflaumen weich, aber nicht musartig geworden sind. Abkühlen lassen.

In 4 große Gläser abwechselnd Eiscreme, Mandelmischung und Pflaumen schichten, bis sie gefüllt sind. Eventuell mit frischer Minze garnieren und servieren.

FÜR VIER PARFAITS.

Melone mit Zitronenhalbgefrorenem

200 ml frisch gepreßter Zitronensaft
100 g + 1 Eßlöffel Zucker
180 ml Schlagsahne
2 mittelgroße Zuckermelonen
1 kleine Honigmelone
4 Eßlöffel frisch gehackte Minze
Minzblätter

180 ml Zitronensaft erhitzen (nicht im Aluminiumtopf) und 100 g Zucker darin auflösen. Vom Herd nehmen und vollständig abkühlen lassen. Schlagsahne hineinrühren. Alles in eine Schüssel umfüllen und mindestens 1 Stunde ins Eisfach oder in die Kühltruhe stellen, bis die Masse halbgefroren ist. Melonen halbieren und entkernen. Mit einem Löffel etwa die Hälfte des Fruchtfleisches abheben und grob zerkleinern. Honigmelone mit einem Sägezahnmesser schälen und entkernen, grob hacken und zu den übrigen Melonen geben. Gehackte Minze, einen Eßlöffel Zitronensaft und den restlichen Zucker zugeben. Alles in die vier ausgehöhlten Melonenhälften füllen und das Halbgefrorene darüber verteilen.

FÜR VIER PORTIONEN.

Couscoussoufflé mit Datteleis

1/2 Vanilleschote
1/4 l Milch
50 g Couscous
1 Prise Salz
2 Eßlöffel Honig
1 Eßlöffel Butter
abgeriebene Schale einer mittelgroßen, unbehandelten Orange
2 Eßlöffel Orangensaft
3 Eier (Eiweiß und Eigelb trennen)
2 Eßlöffel Zucker

EISCREME:
1/2 l Vanilleeis
250 g grob gehackte Datteln

Backofen auf 190 Grad vorheizen. Eine etwa 1,5 l fassende Souffléform einfetten. Vanilleschote aufschneiden, das Mark in der Milch aufkochen. Dann bei kleiner Hitze Couscous, Salz, Honig und Butter einrühren. Etwa 3 Minuten leicht kochen lassen, bis 3/4 der Flüssigkeit verdampft ist. In eine mittelgroße Schüssel umfüllen. Orangenschale, Orangensaft und Eigelb einrühren. Eiweiß schlagen und dabei nach und nach den Zucker zugeben. Steif aber nicht zu fest schlagen. Erst 1/4 und dann den Rest des Eischnees unter die Couscousmischung heben. Alles in die Souffléform umfüllen und etwa 18 Minuten lang backen. Das Soufflé soll leicht gebräunt sein, aber in der Mitte locker bleiben. Sofort mit einer Portion Datteleis servieren.

Für das Eis die Datteln grob hacken und in eine Schüssel geben, Eis zufügen und mit einem Holzlöffel oder Spatel mischen. Mit Haushaltsfolie abdecken und ins Eisfach stellen.

FÜR SECHS PORTIONEN.

Ricks und Ilsas
Aprikosen-Pistazienkuchen

ILSA: „War das ein Artilleriefeuer, oder klopft mein Herz so laut?"

300 g getrocknete Aprikosen
120 g Butter
200 g Zucker
2 Eier
1 Teelöffel Vanilleextrakt
3 Eßlöffel saure Sahne
200 g Mehl
1 Teelöffel Backpulver
$^1/_2$ Teelöffel Salz
90 g gehackte Pistazien

Backofen auf 175 Grad vorheizen. Kuchenform mit etwa 1 $^1/_4$ l Fassungsvermögen einfetten und mit Mehl bestäuben. Aprikosen mit $^1/_2$ l Wasser in einen Topf geben und bei mittlerer Hitze aufkochen lassen. Danach noch etwa eine halbe Stunde leicht kochen lassen, bis die Aprikosen weich sind. Das Kochwasser abgießen und die Aprikosen pürieren. Butter mit Zucker und Vanille schaumig schlagen. Eier nach und nach zugeben und dabei weiterschlagen. Aprikosenpüree und saure Sahne dazugeben. Alles gut verrühren. In einer anderen Schüssel Mehl, Backpulver, Salz und Pistazien vermengen und dann mit einem Kochlöffel oder Spatel unter den Aprikosenteig mischen. Dann in die Backform füllen und etwa 40 Minuten lang backen. Den Kuchen nach dem Backen aus der Form lösen.

FÜR EINEN KUCHEN.

Jans Sesambrot

0,7 l Wasser
4 Teebeutel schwarzer Tee
450 g entsteinte Backpflaumen
180 ml Pflanzenöl
200 g Zucker
5 Eier
350 g Joghurt
520 g Mehl
$1/2$ Teelöffel Salz
1 Eßlöffel Backpulver
70 g geröstete Sesamsaat

Backofen auf 170 Grad vorheizen. Zwei mittelgroße Kuchenformen einfetten und mit Mehl bestäuben. Wasser aufkochen lassen, vom Herd nehmen, Teebeutel und Pflaumen hineingeben. Alles 15 Minuten ziehen lassen, dann Teebeutel herausnehmen. Wasser abgießen und Pflaumen in etwa 2,5 cm große Stücke schneiden. Öl und Zucker in einer großen Schüssel aufschlagen. Eier nach und nach dazugeben und dabei weiterschlagen. Joghurt und Pflaumen dazugeben. Gut vermischen. In einer anderen Schüssel Mehl, Backpulver, Salz und Sesam mischen. Danach unter die Eiermischung heben und in die Kuchenform füllen. Bei 170 Grad etwa 40 Minuten lang backen, bis an einer Nadel oder einem Holzstab kein Teig mehr kleben bleibt. Kurz abkühlen lassen und aus den Formen lösen. Mit Aminas Honigbutter servieren.

FÜR ZWEI KUCHEN.

AMINAS HONIGBUTTER
250 g Butter
2 Eßlöffel Honig

Honig und Butter zu einer weichen Masse verrühren, und bis zum Verbrauch in den Kühlschrank stellen. Mit Jans Sesambrot servieren.

Heinrichs Honigbirnen

STRASSER *„Wir wissen genau, daß die französischen Besitzungen in Nordafrika mit Verrätern durchsetzt sind…"*

4 Birnen, entkernt und halbiert
30 g Butter
2 Teelöffel Honig
1 Zimtstange in 8 Teilen
4 halbierte Sternanis
Saft einer halben Zitrone
2 Eßlöffel Anislikör
180 ml Schlagsahne
2 Eßlöffel saure Sahne

Backrohr auf 200 Grad vorheizen. Eine Kastenform einfetten und die Birnenhälften mit der aufgeschnittenen Seite nach oben hineinlegen. Etwas Butter und Honig auf jede Hälfte geben, ebenso je ein Stück Zimtstange und Sternanis. Zitronensaft und Anislikör darüberträufeln. Ungefähr 20 – 30 Minuten lang backen, bis die Birnen weich sind. Birnen aus der Form heben und auf eine Platte legen. Birnensirup in eine Sauciere geben. Alles im Kühlschrank etwas abkühlen lassen. Sahne und saure Sahne schlagen. 60 ml Birnensirup dazugeben und nochmals schlagen. Birnen mit einer Sahnehaube, garniert mit Sternanis, servieren.

FÜR ACHT BIRNENHÄLFTEN.

Corinnas Bananentaschen in Bierteig

20 g Stärkemehl
35 g Mehl
1 Prise Salz
3 Eßlöffel geröstete Sesamsaat
1 Ei
¹/₈ l Bier
6 mittelgroße Bananen
Puderzucker
1 Portion Orangensauce (s. u.)
Öl zum Ausbacken

Bierteig 1 – 4 Stunden im voraus zubereiten. Stärkemehl, Mehl, Salz und 2 Eßlöffel Sesam in eine Schüssel geben und in die Mitte der Mischung ein Loch drücken. Eigelb hineingeben. Mit einem Schneebesen verrühren und dabei das Bier langsam zugießen. Schüssel abdecken und eine halbe Stunde lang kalt stellen. Danach das locker aufgeschlagene Eiweiß unter den Teig heben. Öl in einer tiefen Pfanne auf 190 Grad erhitzen. Bananen schälen und längs halbieren. Die Hälften in drei Teile teilen. Die Stücke in den Teig tauchen, ins heiße Öl geben und ca. 1 Minute fritieren, bis sie goldbraun sind. Danach auf Küchenkrepp abtropfen lassen. Im restlichen Sesam wenden und mit Puderzucker bestreuen. Die Bananen werden noch heiß mit Orangensauce serviert.

FÜR SECHS PORTIONEN.

ORANGENSAUCE
250 ml frisch gepreßter Orangensaft
2 Eßlöffel Zucker
évtl. 1 Eßlöffel Rum

Orangensaft und Zucker in einem Topf (kein Aluminium) aufkochen. 10 – 15 Minuten kochen. Bis auf etwa ¼ der ursprünglichen Menge einkochen. Vom Herd nehmen, Rum einrühren und abkühlen lassen.

Mango-Joghurt

3 große, reife Mangos
250 g Joghurt

Mangos schälen, den Kern entfernen, in Stücke schneiden und pürieren. Mit dem Joghurt vermischen. Alles in 4 Weingläser geben und mindestens 1 Stunde lang kaltstellen. Mit süß eingelegten Zitronen-Plätzchen servieren (s. S. 64).

FÜR VIER PORTIONEN.

Schwarzmarkt – Honigmousse

4 Eier
2 Teelöffel Instantkaffee
100 g Honig
120 g Bitter- oder Halbbitterschokolade
2 Eßlöffel Zucker
4 Eßlöffel geröstete Pinienkerne

Eigelb, Instantkaffee und Honig mit dem Schneebesen so lange über dem Wasserbad schlagen, bis die Masse heiß und schaumig ist. Vom Wasserbad nehmen und im Mixer steif schlagen. Schokolade über dem Wasserbad schmelzen und beiseite stellen. Die Eigelbmasse in die warme (nicht heiße) Schokolade einrühren. Eiweiß schlagen, Zucker zugeben und weiterschlagen, bis es fast steif ist. ¼ davon in die Schokoladen-Ei-Masse rühren. Restliches Eiweiß unterheben. Das Ganze nun in eine Schüssel geben und mit den gerösteten Pinienkernen bestreuen. Vor dem Servieren mindestens eine Stunde lang kaltstellen.

FÜR VIER PORTIONEN.

Zitronen-Joghurt-Kuchen

300 g Mehl
1 Teelöffel Backpulver
1 Teelöffel Natron
¹/₄ Teelöffel Salz
120 g Butter
150 g Zucker
2 Eier
230 g Joghurt
2 Eßlöffel süß eingelegte, gehackte Zitronen (s. S. 16)
1 Teelöffel Vanilleextrakt
60 ml Minzsirup (s. S. 8)

Backofen auf 175 Grad vorheizen. Backform einfetten und mit Mehl bestäuben. Mehl, Backpulver, Natron und Salz in einer kleinen Schüssel mischen und beiseite stellen. Butter und Zucker schaumig schlagen. Die Eier unter ständigem Rühren zugeben. Joghurt, Zitrone und Vanilleextrakt dazugeben. Mehlmischung ebenfalls. Teig in die Backform füllen und 40 bis 45 Minuten backen. Etwas abkühlen lassen, dann Kuchen aus der Form lösen, mit Minzsirup einpinseln (s. S. 8) und vollständig abkühlen lassen.

ANMERKUNG: Der Kuchen ist in frischem Zustand feucht, trocknet aber schnell. Er schmeckt am ersten oder zweiten Tag am besten. Bei späterem Verbrauch sollte er sofort nach dem Backen eingefroren werden.

FÜR EINEN KUCHEN.

VERFÜHRERISCHE PLÄTZCHEN

„A kiss is just a kiss"

„La Belle Aurore" – Pistazien-Törtchen

230 g Butter
70 g fein gemahlene Mandeln
90 g Mehl
180 g Puderzucker
5 Eiweiß
$^{1}/_{2}$ Teelöffel Mandelaroma
90 g gehackte Pistazien

Backofen auf 230 Grad vorheizen. Butter zerlassen, bis sie nußbraun ist, ohne sie dabei anbrennen zu lassen. Vom Herd nehmen. Mandeln, Mehl und Puderzucker in einer mittelgroßen Schüssel vermischen. Butter, Mandelextrakt und Pistazien dazugeben. Eiweiß mit einem Schneebesen einrühren. Kleine Backförmchen einfetten, mit Mehl bestäuben und zu $^{2}/_{3}$ mit dem Teig füllen. Ungefähr 8 bis 10 Minuten backen, bis sie goldbraun sind. Sofort aus den Förmchen lösen.

FÜR 50 TÖRTCHEN.

Ferraris gefüllte Aprikosen

RICK (zu Ferrari): „Sie fetter Heuchler."

100 g Mandelmus
abgeriebene Schale einer unbehandelten Zitrone
2 Eßlöffel Zitronensaft
3 Eßlöffel Kokosflocken
40 g grob gehackte Pistazien
40 g grob gehackte Mandeln
35 ganze, getrocknete Aprikosen

In einer kleinen Schüssel Mandelmus, Zitronenschale und -saft mischen. Kokosflocken dazugeben. Pistazien und Mandeln hinzufügen und alles gut mischen. Die Aprikosen beidseitig mit einem spitzen Messer vorsichtig aufschlitzen und sie mit dem Zeigefinger ebenso vorsichtig aufdrücken, ohne die Schlitze zu vergrößern. Je einen Teelöffel der Mandelmischung hineinfüllen. Aprikosen bis zum Servieren kühl stellen. (Die Aprikosen schließen sich nicht mehr völlig um die Füllung).

FÜR 35 APRIKOSEN.

Ilsas Honigmandel-Hörnchen

350 g Butter
120 g Puderzucker
150 g Honig
1 Teelöffel Vanilleextrakt
$^1/_2$ Teelöffel Salz
120 g gemahlene Mandeln
400 g Mehl

Backofen auf 170 Grad vorheizen. Butter, Zucker, Honig, Vanilleextrakt und Salz schaumig rühren. Gemahlene Mandeln und Mehl dazu geben. Teig 30 Minuten lang kaltstellen. Hörnchen formen und auf Blechen mit Backpapier ca. 10 Minuten goldbraun backen.

FÜR 60 HÖRNCHEN.

Capitain Renaults kandierte Zitrusschalen

RENAULT: „Verhaften Sie die üblichen Verdächtigen."

1 unbehandelte Orange
1 unbehandelte Grapefruit
300 g Zucker
120 g Zartbitter-Schokolade

2 l Wasser zum Kochen bringen (nicht im Aluminiumtopf). Orange und Grapefruit vorsichtig so schälen, daß nur die oberste Schale in möglichst großen Stücken abgehoben wird (das Weiße bleibt auf der Frucht). Schale in Streifen von ca. 8 x 1,5 cm schneiden und im kochenden Wasser kurz blanchieren. In einem Sieb kalt abspülen. Dann 250 g Zucker, die blanchierten Schalen und 0,3 l Wasser in einem Topf kurz aufkochen. Bei kleiner Hitze 45 – 60 Minuten lang kochen lassen, bis die Grapefruitschale durchsichtig wird. Im Sud abkühlen lassen. Herausnehmen und mindestens 4 Stunden lang trocknen lassen. Schokolade im Wasserbad schmelzen. Jeweils eine Hälfte der Schalenstücke in die Schokolade tauchen.

FÜR 50 STREIFEN.

Café Pierres
Mandel-Kokosnuß-Makronen

180 g gemahlene Mandeln
100 g Kokosflocken
140 g Zucker
4 Eiweiß
4 Eßlöffel Kokosmilch

1 Teelöffel Vanilleextrakt
$^1/_2$ Teelöffel Mandelaroma
20 getrocknete Aprikosenhälften
20 getrocknete Dattelhälften

Backofen auf 175 Grad vorheizen. Mandeln, Kokosflocken, Zucker, Eiweiß, Kokosmilch, Vanille- und Mandelaroma zu einem zähen Teig verrühren. Eßlöffelgroße Makronen daraus formen. Auf ein Blech mit Backpapier setzen. Auf jede Makrone eine Aprikosen- oder Dattelhälfte setzen. Backzeit ca. 15 Minuten.

FÜR 40 MAKRONEN.

★ *Oscar-Zwischenrunde* ★

Welche Filme schlug Casablanca als bester Film des Jahres 1943? Wem die Stunde schlägt, Ein himmlischer Sünder, Die menschliche Komödie, Wofür wir dienen, Madame Curie, Ritt zum Ox-Bow, Das Lied von Bernadette, Die Wacht am Rhein.

Humphrey Bogart wurde für seine Rolle in „Casablanca" *als bester Schauspieler für den Oscar nominiert, verlor aber gegen Paul Lukas in* „Die Wacht am Rhein". *Ingrid Bergmann wurde im gleichen Jahr für den Oscar nominiert. Für welchen Film?* „Wem die Stunde schlägt". *Sie verlor gegen Jennifer Jones in* „Das Lied von Bernadette".

Leuchtags Feigenstreuselkuchen

MR. LEUCHTAG: „Liebchen – äh, Sweetheart, what watch?“
MRS. LEUCHTAG (schaut auf die Uhr): „Ten watch.“
MR. LEUCHTAG (überrascht): „Such much?“
CARL: „Sie kommen bestimmt wunderbar in Amerika
zurecht.“

120 g Butter
3 Eßlöffel Zucker
Schale einer unbehandelten Zitrone
1 Ei
200 g Mehl
$1/4$ Teelöffel Backpulver
$1/4$ Teelöffel Soda
40 g Himbeermarmelade
1 Portion Feigenkompott
1 Portion Honigstreusel

Backofen auf 175 Grad vorheizen. Butter, Zucker und Ei
schaumig rühren. Mehl, Backpulver und Soda dazurühren.
Teig etwa 15 Minuten kaltstellen. Auf Backpapier eine Platte
von etwa 25 x 35 cm, etwa 5 – 7 mm dick, ausrollen. Himbeermarmelade und Feigenkompott daraufstreichen und Honigstreusel darüberstreuen. 20 – 25 Minuten backen, bis die
Haferflocken leicht gebräunt sind. Abkühlen lassen und in ca.
4 x 10 cm große Stücke schneiden.

FÜR 20 STÜCKE.

FEIGENKOMPOTT
350 g getrocknete Feigen, in Würfel geschnitten
120 g Honig
2 Eßlöffel Zitronensaft

2 Eßlöffel Orangensaft
120 ml Wasser

Alles in einem Topf (nicht aus Aluminium) bei mittlerer Hitze langsam zum Kochen bringen. So lange kochen, bis die Flüssigkeit so weit verdampft ist, daß die Feigen zu glasieren beginnen (ca. 15 Minuten).

HONIGSTREUSEL
90 g Butter
3 Eßlöffel brauner Zucker
3 Eßlöffel Honig
1 1/2 Teelöffel Zitronensaft
120 g Haferflocken

Butter schmelzen. Braunen Zucker, Honig und Zitronensaft dazugeben. Langsam zum Kochen bringen. Haferflocken hineinrühren. Vom Herd nehmen und abkühlen lassen.

Sams Schokoladen-Trüffel-Küsse

350 g geriebene, zartbittere Schokolade
250 ml Schlagsahne
1 Teelöffel Zimt

Schokolade in eine Schüssel geben. Sahne aufkochen und über die Schokolade gießen. Mischung mit einem Schneebesen zu einer geschmeidigen Masse verrühren. Zimt dazurühren. Ca. 45 Minuten lang abkühlen lassen und dabei alle 5 Minuten umrühren. Wenn die Mischung fest genug ist, füllt man sie mit der Spritztülle in Petit-Four-Papierförmchen. Nochmals kaltstellen, bis sie fest sind (mindestens 1 Stunde).

FÜR ETWA 60 KÜSSE.

Ricky's Sesam-Anisplätzchen

RICK: „Louis, wieso sind Sie der Meinung, daß ich interessiert
sein könnte, Laszlo zur Flucht zu verhelfen? "
RENAULT: „Weil ich, mein lieber Rick, den Verdacht habe,
daß unter dieser zynischen Schale ein recht sentimentales
Herz schlägt. "

120 g Butter
2 Eßlöffel geröstete Sesamkörner
1 Teelöffel gestoßener Anis
1 Ei
80 g Puderzucker
$1/2$ Teelöffel Anisaroma
170 g Mehl
$1/2$ Teelöffel Backpulver
1 Prise Salz

MISCHUNG, IN DER DIE PLÄTZCHEN GEWÄLZT
WERDEN:
30 g Puderzucker
35 g geröstete Sesamkörner

Backofen auf 175 Grad vorheizen. Butter schmelzen. Sesam
und Anis dazugeben. Ei und Puderzucker schaumig schlagen.
Anisaroma hinzufügen. Mehl, Backpulver und Salz nach und
nach einrühren und alles zu einem geschmeidigen Teig verarbeiten. Aus etwa eßlöffelgroßen Portionen 7 cm lange Röllchen formen. In der Puderzucker-Sesammischung wälzen.
Röllchen auf ein mit Backpapier belegtes Blech geben und
etwa 15 – 17 Minuten lang backen, bis sie oben leichte Risse
bekommen. Die Plätzchen sollen nicht braun werden.
Dies sind feine Teeplätzchen etwa in der Art von Biscotti.

FÜR CA. 40 PLÄTZCHEN.

Orangen-Butterplätzchen „Neue Welt"

230 g Butter
130 g Zucker
geriebene Schale von 2 unbehandelten Orangen
1 Teelöffel Orangenblütenessenz
60 g gemahlene Mandeln
2 Eigelb
2 Eßlöffel Orangensaft
200 g Mehl

Backofen auf 160 Grad vorheizen. Butter, Zucker und Orangenschale schaumig schlagen. Mandeln, Essenz, Eigelb und Orangensaft dazugeben und alles gut vermischen. Mehl unterheben. Portionen in der Größe eines gehäuften Teelöffels auf das mit Backpapier belegte Blech geben. Ca. 15 Minuten lang backen, bis die Ränder braun werden.

FÜR CA. 40 PLÄTZCHEN.

Orangen-Korianderplätzchen

Gleiches Rezept wie oben, zuzüglich 8 Teelöffel gestoßener Koriander. Diese knusprigen Plätzchen haben ein ganz eigentümlich duftendes Aroma.

„As Time Goes By" – Süß eingelegte Zitronen-Plätzchen

170 g Butter
80 g Puderzucker
75 g fein gemahlene Mandeln
1 Ei
3 Eßlöffel süß eingelegte, feingehackte Zitronen (s. S. 16)
1 Eßlöffel Zitronensaft
200 g Mehl

Backofen auf 160 Grad vorheizen. Butter und Zucker schaumig schlagen. Gemahlene Mandeln gut untermischen. Ei, eingelegte Zitronen und Zitronensaft dazugeben. Mehl unterheben. Aus dem Teig zwei ca. 20 cm lange Stränge formen und diese ca. 30 Minuten lang kühlen, bis sie fest sind; dann ca. 6 – 7 mm starke Scheiben abschneiden und auf das Blech mit Backpapier legen. Backzeit etwa 10 – 12 Minuten. Die Plätzchen sollen knusprig, aber noch nicht braun sein.

FÜR CA. 50 PLÄTZCHEN.

★ Trivialfinale ★

Als die Marx Brothers 1946 „A Night in Casablanca"
drehten, erhielten sie von der Rechtsabteilung der War-
ner Bros. eine schriftliche Abmahnung. Groucho Marx
erwiderte darauf: „Mir war bis heute nicht bekannt,
daß Warner Bros. alleinige Eigentümerin der Stadt
Casablanca ist… Sie sind vermutlich befugt, den Na-
men „Warner" zu führen. Aber wie steht es mit dem Na-
mensteil „Brothers"? Rein beruflich sind wir schon viel
länger Brüder als Sie."

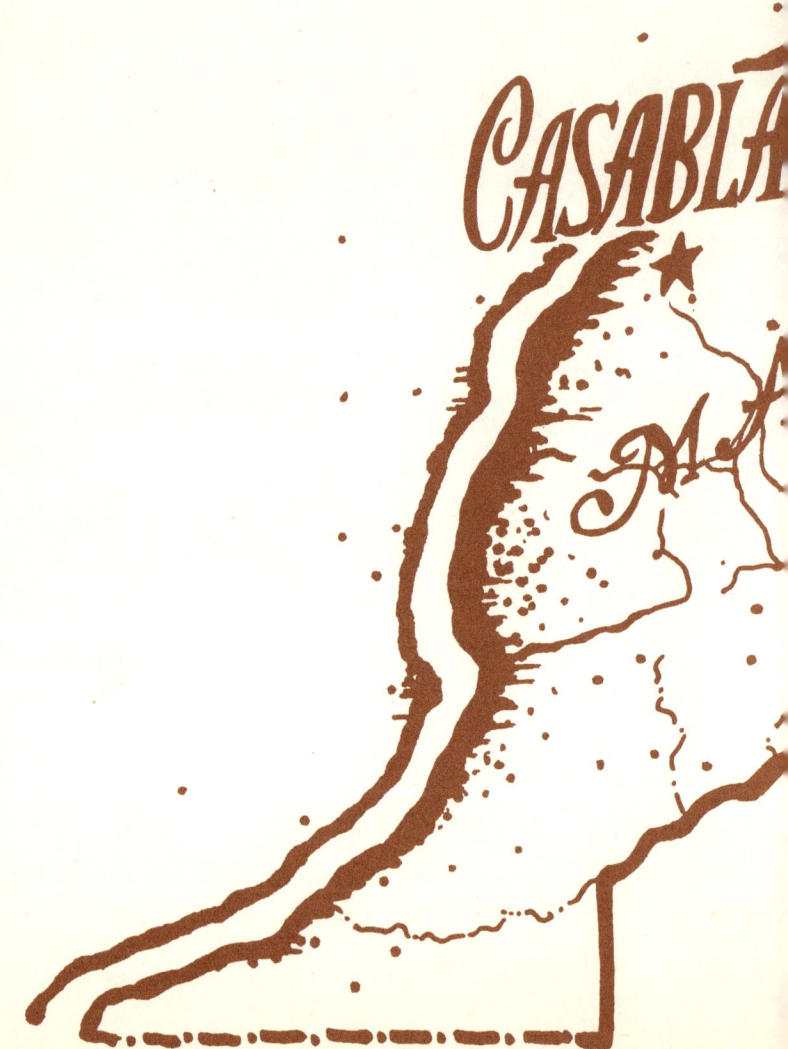